LES

DESTINÉES DE LA FRANCE

OU

LE PASSÉ, LE PRÉSENT ET L'AVENIR

TELS QUE DIEU NOUS LES A FAITS

Par Louis MOND

PREMIÈRE ÉDITION

PRIX : 1 FRANC

EN VENTE CHEZ CHARLES MERA, LIBRAIRE,
15, Rue de Lyon, 15.

1871

PREFACE.

Ma profession de foi ne sera ni longue ni difficile : JE CROIS ET TIENS POUR CERTAIN ; voilà le programme et je le donne pour ce que je l'ai compris !

LOUIS MOND.

LES DESTINÉES DE LA FRANCE

I

Où allons-nous? Voilà la question du moment; celle qui se retrouve dans tous les cœurs, sur toutes les lèvres; et l'on ne peut se dissimuler l'inquiétude en présence de ce qui n'est que trop motivé.

Les uns disent — ce sont les plus nombreux — « Tout est perdu..... et la France ne se relèvera jamais d'une atteinte pareille! D'ailleurs, chaque peuple a son heure de déchéance et la nôtre est venue! nous ne pouvons donc, en sortant de l'anarchie présente, que retomber dans une pire encore, à moins que.... »

Ici, et d'habitude, se placent les espérances de chacun; lesquelles, dans certaine catégorie de gens, portent du plus au moins sur la monarchie, cette arche sacro-sainte des peureux et des trembleurs, des partisans du droit divin.

Les autres, moins sceptiques, et aussi je l'espère plus clairvoyants, croient à une régénération d'autant plus grande que l'épreuve aura été longue et difficile. « Chaque peuple, il est vrai, disent-ils en réponse aux premiers, a son heure de déchéance ; mais il en est qui ne meurent pas pour si peu, et la France est du nombre. Son âme, flamme que l'orage avive pour la monter plus haut, est principe de vie autant que de civilisation ; vienne donc pour nous l'heure de la délivrance — celle de la réhabilitation — et nous saurons montrer à l'univers assemblé ce que peut un grand peuple quand son droit le mène et qu'il combat pour la liberté de tous. »

Entre ces deux appréciations, extrêmes en leur manière de dire, bien des opinions s'égarent sur les terrains vagues de l'intérêt personnel ou se perdent sur la route des conjectures ; bien des opinions tournent à tous les vents ou s'arrêtent sur un seul point. Ceux que l'Empire a faits ne voient que lui ou la Régence pour nous tirer d'affaire et sortir d'embarras ; ceux qui sont nés de la République proclament son maintien et la disent sans pareille ; ceux qui, pour une raison ou l'autre, car je n'ai à déduire ici les espérances de personne, ne veulent ni de la République, ni de l'Empire, rêvent droit divin ou monarchie constitutionnelle — Henri V ou famille d'Orléans. Les superstitieux, à leur tour, pour croire et espérer, s'appuient du destin, de la Vierge ou des prophéties, les frondeurs rient de tout, les sceptiques ne croient à rien ; mais ceux qui croient comme ceux qui nient, ceux qui doutent comme ceux qui espèrent, républicains et monarchistes, tous restent dans l'éventualité, ce champ aux hypothèses, qui n'a jamais su ni convaincre ni établir ; tous — et sans exception — restent en dehors des principes, base de l'univers, ce qui fait que chacun cherche encore et que personne n'a trouvé.

Ce que je me propose ici est donc — ce que les autres n'ont pu ou su — résoudre la question par elle-même et au point de vue du jeu naturel des causes ; car **PIVOT DU MONDE** et mouvement universel, la destinée porte en soi le germe de toutes choses.

II

Pour trouver, il faut chercher; la conséquence dérive du fait et le fait du principe. Pour chercher avec fruit, il faut établir, nécessité première et sans laquelle il n'y a rien de fait. Pour établir il n'est qu'une chose : comparer et différencier — comparer d'un point à un autre — différencier de la cause à l'effet. Travail que nous allons entreprendre en partant du point central, base de la question. A son tour, pour être résolue, et c'est là le *sine quà non* du résultat, toute question doit être posée et décomposée — posée à soi ou aux autres, décomposée d'instinct ; ou par calcul ou déduction. Les questions simples ou journalières se décomposent d'instinct, celles dites abstraites ou de circonstance, par calcul et déduction.

III

Si je ne me trompe, et en cet instant. « Où allons-nous? » veut dire : qu'aurons-nous? l'Empire, la République ou la monarchie? Henri V ou la famille d'Orléans? resterons-nous amoindris?... l'anarchie présente sera-t-elle de durée ?.... que peut être l'éventualité ? Toutes questions renfermées dans l'idée-mère et qui, prises à part, sont le *décomposé* de la principale ou premier pas de solution.

IV

Trois raisons, graves en elles-mêmes, et dont la Prusse dans son besoin de tout engloutir, ne tient pas assez compte, s'opposent à notre amoindrissement définitif et prolongé — l'équilibre européen dont on a trop parlé pour que je veuille y revenir ici — notre esprit d'indépendance trop enclin à la révolte et résolu en ses témérités pour accepter longtemps, et sans résistance forte, une pression qu'il ne se serait pas donnée — nos destinées trop largement écrites dans la voie du progrès pour retourner en arrière ou se mettre à la remorque du premier manant venu.

Par suite des exigences immodérées de M. de Bismark, de son esprit de mauvaise foi et de ses tendances aux prétextes pour marcher sur toutes conventions faites, la paix..., la paix si chèrement achetée par nous ces temps derniers, ne peut être ni solide ni durable ; c'est une trève de quelques jours... de quelques mois..., d'un an ou deux à peine ; et encore peut-être pas !

Pour parler ainsi et d'autorité, sur quoi m'appuié-je ? Sur la raison admise que tout ce qui est anormal étant sans fondement, reste sans durée ; que par conséquent, et dans le conflit commun, notre position de vaincus ayant été établie sans égard, je ne dirai pas pour notre avantage, mais pour *nos droits de peuple*, devient par cela même sans raison d'être ni de plausibilité ; ce qui implique en soi le mouvement vers la dissolution ; et tout mouvement qui se produit dans la vie d'un peuple ou celle d'un individu, mène à un but qu'il faut atteindre violemment, si l'on résiste, tranquillement et sans effort si l'on cède.

Qu'il soit de l'homme ou de la destinée, château de pierre ou château de cartes, tout édifice pour se tenir debout, doit donc être sans contre-poids ou force primant les autres ; et les traités de 1815 furent établis par les puissances d'alors comme le seul équilibre possible à l'Europe du moment ; — du moment, car il faut le dire puisque c'est raison d'être aux événements du jour, tout équilibre se déplace avec le temps et en se déplaçant change de base ; tout équilibre n'a par lui-même qu'une durée fixe, et lorsqu'on néglige de le rétablir en temps voulu, c'est la destinée elle-même qui se charge de le faire.

Si la France, reine alors, avait su maintenir, lors des guerres de Danemark et de l'Autriche, la position faite par tous et au profit de tous, nous ne serions aujourd'hui ni battus, ni amoindris par la Prusse victorieuse ; mais l'homme est mauvais juge en sa propre cause, et Napoléon III, que je sache, n'a jamais su voir que son intérêt propre dans celui du pays ; d'ailleurs, l'heure était venue d'établir sur d'autres bases l'équilibre européen ébranlé par le temps et les changements qu'il amène avec lui, ce que nous n'avons su ni voir, ni comprendre.

Les uns donc — peuples et rois — étant restés stationnaires pendant que les autres marchaient de l'avant ; quelques-uns même, et la Prusse est du nombre, ayant tenté de rétrograder, chacun, sans que j'aie besoin de le dire, selon ses moyens, dans sa voie et en dehors de son voisin, l'équilibre, je ne dirai plus européen, mais des destinées de l'Europe, établi en 1815, — ébranlé depuis lors, — détruit aujourd'hui, n'était plus quand nos désastres se sont produits qu'une ruine toujours prête à s'affaisser sur elle-même. Mais qui s'apercevait du danger et cherchait à y parer? si ce n'est la destinée toujours en scène et prête à l'occasion : la destinée qui, plus clairvoyante et mieux avisée que nous, a commencé à jeter bas l'édifice vermoulu pour le reprendre ensuite en sous œuvre, en soufflant à la Prusse envieuse de nous ses idées d'ambition territoriale et de force brutale.

L'équilibre européen était donc à refaire, et la destinée ayant pris la cause en main, notre amoindrissement, raison déterminante du déplacement général, ne peut qu'être temporaire et passager; et à défaut de nous, la fatalité se chargera de rétablir l'harmonie trop en désaccord aujourd'hui pour que nous puissions rester longtemps dans la position faite et acceptée.

V

La seconde raison s'opposant à notre amoindrissement prolongé est celle qui dérive de notre esprit d'indépendance, pour ne pas dire d'insubordination, *trop enclin à la révolte et résolu en ses témérités* pour se laisser opprimer longtemps par un joug qui n'est pas de lui. Nous sommes, et c'est ce qui nous fait sans déchéance, une nationalité trop exclusive pour vivre de la vie des autres ou nous fondre avec eux; d'esprit trop varié pour rester toujours les mêmes et nous voir compris de tous ; nous sommes, et c'est là que Dieu a mis notre force d'avenir, bien moins nous-mêmes que tous les autres ensemble, c'est-à-dire le point de jonction où les idées de tous viennent se rejoindre et s'échanger : car les nôtres, moins spéciales qu'universelles en leurs tendances, sont lien d'attache et de rapprochement pour le monde entier.

Si, moins prévenu en sa faveur, M. de Bismark nous avait mieux compris et étudiés, il se fût gardé comme d'une faute grave, de continuer la guerre après Metz et Sedan et plus encore des conditions de paix qu'il a cru devoir nous imposer ; il se fût bien gardé, et c'est par là qu'il a péché, d'interner en Prusse trois cent mille Français soumis à sa pression ; mais toute supériorité a ses heures d'aveuglement, quand ces dernières sont dans l'ordre des choses, et M. de Bismark, lui d'ordinaire si profond sur l'intérêt du MOI, personnifié en cet instant dans celui de la Prusse qu'il représente, s'est laissé distancer ce jour-là par la destinée qui l'attend au retour.

Pourquoi en a-t-il été ainsi, et à nos dépens ? Parce que dans le sang, seulement, se trouve la transfusion des principes et que celui de la liberté, éclos chez nous en 89, mais encore lettre morte pour la Prusse et consorts, avait besoin de la transmission pour s'implanter chez ces derniers ; qu'en Europe nous sommes seuls à pouvoir l'inoculer aux veines des autres ; car, si MM. les Prussiens, ce dont nous ne pouvons douter, sont gens à prendre de force ce qu'on leur refuse, nous sommes en revanche, et nous l'avons prouvé souvent, gens à enlever d'assaut toute place qui résiste.

Pour en finir avec la question et bien établir sa raison

d'être, disons que tous les moyens sont bons à la destinée pour en arriver à ses fins et que trop grande dame pour s'abaisser jusqu'aux détails du ménage, il n'est route qu'elle ne prenne quand le besoin s'en fait sentir ; disons que toute transmission veut l'émission, et toute émission le conflit ; pour ce qui est de nous, disons que le malheur grandit et que la persécution n'a jamais été que pour affermir ce qui ne viendrait pas de soi.

VI

La troisième de nos raisons, selon moi, la plus concluante, est celle qui ressort de nos destinées *écrites dans la voie du progrès* pour retourner en arrière ou se mettre à la remorque du premier retardataire qui viendra s'y atteler. On a beau le nier et vouloir qu'il en soit autrement : l'homme a sa destinée faite en naissant, et, soit en vainqueur, soit en vaincu, mais de l'une ou l'autre façon, il doit fournir la course dans les limites tracées.

En présence de l'affirmation et des preuves de chaque jour, il faut donc admettre ou rester sans observation, que les peuples, aussi bien que les individus, ont une voie tracée d'avance dont ils ne peuvent sortir à volonté ; il faut admettre, à moins d'être voué à la dénégation quand même et en partant de ce principe que Dieu, origine de toutes choses, n'a rien fait qui ne soit de but et d'intention, que dans le mouvement général des êtres et des choses, nous ne sommes tous, pris en masse ou en particulier, que de simples rouages s'engrenant les uns aux autres et marchant de compagnie. Ainsi, l'avare amasse et le prodigue dépense sans que l'un puisse arriver au défaut de l'autre ou l'autre au défaut de l'un ; et cela, parce que les lois qui gouvernent le monde veulent que d'un bout à l'autre de ce dernier l'équilibre soit et se fasse de lui-même.

L'argent étant fait pour rouler et sa forme ronde l'indique, ce que l'un amasse l'autre le dépense, et presque toujours comme conséquence d'hérédité un défaut entraîne l'autre à sa suite, ce qui a donné naissance au proverbe : « A père avare, enfant prodigue. » Mais comme toute force qui se divise perd de son intensité par le fait même de la division, et que plus elle se divise plus elle s'amoindrit ; comme dans la nature rien ne se perd et que tout s'y retrouve à un moment donné, ce que les uns ont dépensé les autres le ramassent à nouveau pour être dépensé et ramassé encore, perpétuant ainsi de générations en générations et jusqu'à la fin des siècles le mouvement de succession s'enroulant sur lui-même.

Du petit au grand, et dans la nature, comme chacun peut s'en convaincre, tout se renvoie donc la balle et le mouvement, maintenant ainsi et par le double courant l'équilibre universel, principe de toute stabilité ; et c'est en descendant la pente indiquée que les deux peuples, de France et de Prusse, opposés de tendances et de caractères, se font concurrence depuis tantôt un an dans l'axe du moment — l'un soutenant de son droit et fécondant de son sang la liberté des peuples, astre naissant et dont l'aurore commence à peine , l'autre patronnant de sa force et appuyant de son astuce outrecuidante le pouvoir autoritaire et monarchique, principe mourant qui, pour ne point céder la place à son rival qu'il exècre, tente un suprême et dernier effort de résistance. Mais comme toute aurore porte en soi le jour entier, pendant que le crépuscule du soir n'est jamais que la nuit qui s'avance, nos destinées, berceau du libéralisme naissant, sont ainsi et par le fait même de la priorité, le *remorqueur* de celles de l'Europe, tandis que les destinées de la Prusse, nation encore toute inféodée du fétichisme du pouvoir, si insolemment brillantes aujourd'hui — ternes demain, ne sont que le tombeau OUVERT de la monarchie à son déclin.

Aurore pour nous dont les destinées sont au principe qui naît, crépuscule pour la Prusse dont les destinées sont au principe qui meurt, la situation présente ne peut donc être, à l'encontre des apparences, que passagère et sans durée. Dans le grand acte, je ne dirai pas qui se prépare, mais s'accomplit depuis 89, elle est une de ces heures tout à la fois de défaillance et rénovation, qui mènent l'homme au point voulu — de lui-même et en dépit de sa résistance ou opposition; une de ces heures solennelles où l'homme impuissant d'idée, de pensée, de vouloir, marche en aveugle et sous la main de Dieu dans la voie qui lui est faite.

VII

En sa qualité « d'anormale, » la position du jour n'étant que transitoire et de passage, voyons maintenant et sans sortir de nos limites, sur quelles bases la France un peu démantelée pour le moment peut et doit se reconstituer à nouveau.

Il est bien entendu, et ceci est pour ceux qui ne

m'auraient pas assez compris, que je ne juge point ici les événements par eux-mêmes et au point de vue de leurs effets, puisqu'ils ne sont en réalité que conséquence de faits antérieurs et point de départ de faits à venir; mais, ce qui est bien plus logique et tout aussi pratique en soi, par leurs causes et principes, concordance forcée et dubitative qui, *n'en faisant qu'une chaîne de trois anneaux, relie le passé au présent, le présent à l'avenir.*

Revenons au sujet.

Nous avons dit qu'il était une loi universelle à laquelle tout était soumis dans le monde, peuples et gens. Mais ce que nous avons, non pas omis, mais retardé de dire parce que l'heure n'était point là, ce que pourtant il faut savoir et à titre de nécessité : c'est que cette loi, semblable à un arbre dont le tronc porte des branches, les branches des rameaux et les rameaux des ramuscules, se multiplie à l'infini, formant ainsi la chaîne qui enclot le monde et l'*unifie* en toutes ses parties.

Une de ces ramifications, loi elle-même et toujours en instance, est celle qui veut que tout principe, ici-bas, ait son équivalent en sens inverse pour lui faire équilibre dans la vie; lequel équivalent a pour tâche de lui renvoyer incessamment la balle et le mouvement que lui-même reprend pour le renvoyer ensuite et le reprendre encore. Ce travail d'alternative, dit MOUVEMENT DE ROTATION, n'est que celui de la terre tournant sur elle-même et nous ramenant sans cesse, se succédant l'un l'autre, le jour et la nuit, principes contraires et s'équilibrant.

Parfois, et c'est ce qui forme les périodes de la vie humaine, ce mouvement d'alternative et succession s'arrête, sans toutefois cesser d'être, plus ou moins longtemps, plus ou moins brusquement sur tel ou tel point de telle ou telle destinée qui semble alors stationnaire, tandis que de fait elle n'est qu'à se reprendre pour atteindre plus sûrement à son but.

Les secousses produites par le mouvement qui s'arrête ou se reprend, par le mouvement qui rencontre un obstacle ou se heurte à un courant contraire, sont pour nous cataclysmes ; et dans l'existence de l'homme comme dans celle de la nature, son élément, les cataclysmes sont révolutions.

D'autre part, entre les points extrêmes et convergents de tout principe, l'un POSITIF, l'autre NÉGATIF au sujet mais tous deux positifs et négatifs en eux-mêmes, se trouve ce que j'appelle L'ESPACE VITAL ou arc de projection, c'est-à-dire la course fournie par le principe en instance, soit qu'il arrive, soit qu'il s'en aille.

Ce que je dis des principes peut se rapporter aux idées et aux sentiments ; en un mot à tout ce qui est de l'homme et de son existence.

Dans cet espace à parcourir tout principe qui monte est en état d'avènement ; tout principe qui en a atteint l'apogée est dans sa force et puissance ; tout principe qui descend est dans sa période de déclinaison. Ce mouvement est celui de progression *s'équilibrant* à celui de décroissance, loi naturelle à tout ce qui a vie et principe.

Quand dans la destinée de n'importe qui ou de n'importe quoi, un principe qui monte peut faire son évolution sans rencontrer *son inverse* qui le croise ou le heurte, car les efforts se combinant tous deux marchent du même pas et sur la même route, tout va de soi pour lui ; et comme un vieillard qui s'éteint faute de vie, il meurt sans difficultés ni secousses.

Si tout au contraire, le principe ascendant, comme cela

se voit chez nous en cet instant, se heurte à son rival et que tous deux veuillent, sans se céder le pas, passer de front, la lutte s'engage.... les secousses arrivent.... et tout naturellement, le point du globe où le conflit se passe se ressent de la lutte et du combat.

Il est aussi, et cela est dans la logique des choses, des principes qui naissent sans difficultés et meurent sans agonie : leur passage dans la vie des uns et des autres est à peine senti et ils s'en vont sans laisser de traces. D'autres, par contre, et la France pays des révolutions en sait quelque chose, ne prennent vie que dans l'effort et pour mourir ils ont des agonies féroces. Partout où ils passent ils font trace et du premier au dernier jour l'on s'aperçoit de leur présence. Thèse générale : les principes de HAUTE-PORTÉE et à longue échéance naissent et meurent dans le sang, ce grand régénérateur de toute vie.

En fait de gouvernement, car c'est là que je voulais en venir avec ma démonstration, les deux principes s'équilibrant, sont, d'une part, le pouvoir autoritaire et personnel représenté par l'Empire et la monarchie sous toutes ses formes, de l'autre le pouvoir libéral ou le gouvernement du pays par lui-même représenté par la République sous toutes ses faces; et tout gouvernement, quel qu'il soit, sous peine de nullité, doit procéder de l'un ou de l'autre. « La volonté d'un SEUL ou celle de TOUS. » Voilà la loi; et si parfois, comme dans le pouvoir constitutionnel, il y a des compromis avec cette dernière, ce n'est jamais que dans le détail et à l'exclusion du fond.

Ayant donc un gouvernement à se donner et les deux principes s'équilibrant représentés, l'un par l'Empire des Bonapartes et le droit divin de Henri V, l'autre, par la

République plus ou moins une et indivisible, étant en présence, la France doit opter entre les deux ou accepter comme moyen terme, en la personne des princes d'Orléans ou de toute autre UTILITÉ MONARCHIQUE, le pouvoir constitutionnel, principe *bâtard* et sans point fixe d'autorité : car il faut se l'avouer, un roi constitutionnel, voire même une reine, n'est jamais qu'une MACHINE A REPRÉSENTATION ou un mauvais coucheur qui tire à lui les couvertures de l'Etat.

En dehors de ces trois formes de gouvernement plus ou moins accommodées à l'esprit du jour, il ne lui reste que l'anarchie dans laquelle nous ne sommes que trop, hélas! et dont il nous faut sortir au plus tôt et à tout prix.

La monarchie ou la République, voilà la position.

VIII

Que ce soit par le fait de l'orage ou par celui de la maturité, le fruit qui tombe ne remonte pas à sa branche; et tout principe qui a fait son temps est fruit à terre.

Tombé de soi et par le fait des événements ; tombé parce que la maturité était en lui et que le vent des révolutions l'a pris par sa base, l'Empire des Bonapartes a donc été détaché des destinées de la France par la fatalité, cette pourvoyeuse du temps et de la mort; il a été jeté bas comme le sont depuis 80 ans chez nous toutes les monarchies édifiées en dépit des principes et en dehors de nos destinées. Voir son retour n'est donc qu'une utopie bonne tout au plus pour les nuls et les esprits en retard.

D'un autre côté, le principe autoritaire et monarchique, roi déchu ; le principe autoritaire et monarchique, usé par quatorze siècles de durée et ne se soutenant plus qu'à l'aide de fausses manœuvres, est entré dans sa période de décroissance avec la mort de Louis XVI et le premier avénement de la République. Il n'a plus aujourd'hui, pour le soutenir en ses défaillances d'agonisant, que les arriérés d'opinion et ces « bons petits monarques » qui de gaîté de cœur et de parti pris, nous ont laissé égorger sans songer qu'un jour ou l'autre leur tour pourrait bien venir en déduction de la faute. Mais ces derniers sont sans force quand leurs peuples ne sont pas avec eux, et en y regardant bien la scission est plus près de se faire qu'on ne le pense. D'ailleurs, l'Empire, en son besoin de pression, a fait une orgie trop grande du pouvoir autoritaire et personnel pour que nous puissions y revenir en rétablissant l'homme avec lui.

Renversé par la fatalité dont la main est meurtrière, tombé de soi comme tout ce que le vent emporte, l'Empire des Bonapartes se trouve donc, par le fait même de sa chute, rayé de nos destinées et d'autant plus impossible qu'il est aujourd'hui pour nous synonyme de HONTE et LACHETÉ : qu'accepté et non voulu, ce qui fait deux e ı principe, il n'a pour rentrer au pouvoir ni la sympathie des masses, ni le prestige de l'inconnu, ces deux leviers de l'ovation populaire ; et dernière raison à la portée de tous, parce qu'il serait pour nous la guerre civile A PERPÉTUITÉ, et qu'un peuple pas plus qu'un individu ne s'égorge deux fois en une heure.

La Prusse aurait pu... et c'était là le danger ! Mais

trop féroce en ses succès et pas assez grande en ses victoires, elle a laissé passer l'heure et le moment!....

Quand Dieu crée les hommes et les peuples il sait ce qu'il fait !

IX

La Régence n'étant de fait que l'Empire sous une forme dubitative et la conséquence-née de ce dernier, je n'ajouterai, pour ce qui est d'elle, qu'un mot à ce que je viens de dire.

Par elle-même et en dehors du pouvoir dont elle émane, la Régence est aussi impossible en France que ce dernier.

Outre qu'avec l'enfant, elle nous ramènerait, sous la raison sociale : EUGÉNIE, ROUHER ET Cie, les *prête-mains* aux infamies du passé, elle ne serait que le gouvernement d'un mineur, c'est-à-dire une arène plus vaste aux luttes de partis, assez à craindre pour nous déjà, sans les compliquer d'éléments nouveaux ; et les destinées de la France, lasses de servir de théâtre au *va-et-vient* des rois de notre siècle, non-seulement ne sont plus à la Régence ni à l'Empire, mais encore à la monarchie.

X

Si l'Empire et la Régence, tous deux impossibles aujourd'hui, ne sont plus qu'utopies sans valeur, aussi révoltantes aux cœurs français que honteuses pour notre dignité, Henri V, à son tour, et son droit divin ne sont plus qu'une légende dont le style suranné et chevrotant cadre mal avec les mœurs du moment. Qui se souvient d'eux et peut dire les avoir vus?

Quand on veut entrer dans la voie des principes, à titre de prétendant, comme M. le comte de Chambord, ou à celui de partisan comme MM. de la légitimité, il faut, pour être logique avec soi-même, y rester sans en sortir; et Henri V, *l'élu d'en haut*, Henri V, *par la grâce de Dieu roi de France et de Navarre*, se présentant au vote universel et se faisant le compétiteur d'autres prétendants *à sa souveraineté*, est tout simplement absurde d'antithèse et ridicule!

Ne jouons pas avec les mots : DROIT DIVIN veut dire qui vient du ciel; et la suzeraineté des Bourbons remonte tout simplement à Hugues Capet qui, pris au bas mot, n'est qu'un usurpateur comme tous les autres.

Ou le droit divin existe, ou il n'existe pas et la conséquence est forcée! S'il existe, il doit parler en maître et dire « me voilà! » S'il n'existe pas, il reste d'autant plus sans force et entaché d'illogisme que le droit populaire contre lequel il revendique, lui, existe et se montre; parfois trop... c'est possible! mais selon ses moyens.

XI

Quand le printemps arrive, dans la nature tout fleurit et reverdit, comme tous les fruits sont à maturité lorsque l'automne est venu ; et la volonté du monde entier, fût-elle condensée en une seule résistance, ne pourrait faire qu'il en fût autrement. Fruits et verdure, les principes naissent avec leur saison; et toute saison amène son principe qu'elle emporte avec elle. A son tour, quand il a fait son temps, tout principe doit tomber de lui-même ou être emporté par l'ouragan; et tout principe entre dans la voie de décroissance quand vient pour la destinée qu'il parcoure l'heure des secousses et tiraillements. A ces indices l'on peut toujours, non-seulement prévoir la lutte, mais encore l'éviter quand on veut.

89 a donc été la tempête où devait sombrer dans la mer des déchéances, le principe autoritaire et monarchique; et à ce point de vue qui est celui de la philosophie naturelle et religieuse, non-seulement, la révolution française perd de son atrocité, mais elle gagne comme principe en prenant place au rang des cataclysmes exigés par le besoin de la cause.

Ne pas comprendre qu'avec la chute de tous nos rois, tant autoritaires, que constitutionnels, la monarchie a dit son dernier mot chez nous, est donc la faute accréditée de ceux qui veulent voir en dehors de ce qui est, et d'après leurs idées personnelles; mais croire à la restauration « possible » du droit divin, est celle de tous les songe-creux de l'impossible.

Je m'explique : Autres temps autres mœurs ! et l'homme, s'il veut être conséquent avec lui-même, doit toujours se conformer à celles de son époque. Du moment que le droit d'aînesse et celui d'hérédité ont été supprimés en France, comme illogiques, tout pouvoir qui se passe la main de père en fils est une anomalie; et les anomalies, défectueuses en elles-mêmes, sont sans principe de durée. Du moment que les anomalies sont sans principe de durée et que tout pouvoir qui se passe la main de père en fils est une anomalie chez nous, le droit divin, cette aberration des rois, n'est plus et en vertu du principe existant, qu'une de ces défectuosités qui font tache partout où elles se montrent ; car, ce dernier, il faut le dire, est sans raison d'être aujourd'hui que son support naturel, la religion d'État, lui fait défaut.

Je sais bien que les partisans de l'un comptent rétablir l'autre sitôt qu'ils seront au pouvoir ; mais qui compte sans son hôte s'expose à compter deux fois et nos destinées sont d'un avis contraire à celui des partisans du droit divin.....

Pour qu'elle puisse se dire « de droit divin » qu'est-ce que la légitimité en elle-même ? Le droit que chaque père laisse à son fils, en mourant, de lui succéder dans ce qui lui est propre. — *dans ce qui lui est propre*, seulement, car l'on ne peut transmettre aux siens que ce qui nous est propriété acquise et reconnue pour telle : les monarchies n'étant pas biens qui s'acquièrent, mais pouvoir qui se confère — et quand les parties sont consentantes, *qui se transmet* — et les monarques n'étant de fait que les *préposés* des peuples qui les nomment ou acceptent pour gouvernants, leur légitimité *de prince* n'est plus qu'une « éventualité de règne » sous bénéfice d'inventaire.

Le fils d'un fermier succède-t-il par droit d'hérédité et avec celui de le transmettre à son propre fils, au bail consenti à son père ? Non ! Eh bien ! de roi à peuple le principe est le même !

Deux faits à l'appui de ce que j'avance : le droit divin qui se passe d'une race à l'autre ni plus ni moins qu'une bourse transvasée d'une poche à l'autre par un pik-poket.

— Nos destinées encore jonchées des débris de nos dynasties de toutes sortes ! En dehors de l'assentiment de tous, le mot n'est que prétexte et les prétextes manquent de base.

« Ni l'Empire ni la Régence, pas davantage Henri V et son droit divin » voilà pour le principe autoritaire et monarchique dans nos destinées du jour.

XII

Avant d'entrer dans le nouvel ordre de choses, je dois rappeler ce que j'ai dit sur la force qui se divise ; car, en fait de principes, la loi se retrouve, comme en fait de toutes choses.

Passons.

Tant que le principe autoritaire et monarchique a tenu le haut des destinées de la France, les rois et leurs dynasties s'y sont succédé pendant quatorze siècles ou environ, sans se faire concurrence ni s'entraver les uns les autres, et les peuples eux-mêmes en bien des circonstances ont maintenu le principe comme étant à leur portée ; mais depuis que ce dernier, poussé par le principe libéral qui chaque jour avance, s'en va trébuchant de Bourbons en Bonapartes, de Bonapartes en Orléans, les dynasties de toutes sortes s'y sont fait concurrence et y ont multiplié à l'infini ; non comme on pourrait le croire, à l'instar des racines qui nourrissent et supportent l'arbre, mais comme des branches gourmandes qui le ruinent et l'épuisent. — A la branche aînée des Bourbons renversée par la Révolution de 89 a succédé, enjambant la première République, la dynastie des Bonapartes, branche-mère; à la dynastie des Bonapartes a succédé, ramené par les étrangers, Louis XVIII, branche cadette des Bourbons; à ce dernier, mort sans enfant, a succédé Charles X, troisième branche des dits Bourbons. A cette *troisième* branche, mise hors de cause par le courant des révolutions, a succédé, édifiée par le vœu du pays, la dynastie d'Orléans, branche sœur des dernières; à la dynastie d'Orléans, renversée par l'orage populaire, a succédé — à la présidence de la République, d'abord, à l'Empire ensuite, — la dynastie des Bonapartes, branche de..... côté. A l'heure qu'il est, ces trois dynasties : — Bourbons, Bonapartes et Orléans, — tendent au trône simultanément et par toutes les voies à leur portée.

Dans leurs prétentions à nous gouverner de nouveau, les Bonapartes représentent l'Empire, pouvoir autoritaire et personnel mais jusqu'ici sans durée fixe — aujourd'hui sans titres admissibles. Les Bourbons, eux, représentent le pouvoir autoritaire et personnel s'appuyant du droit divin, vieille cloche fêlée dont le battant décroché est resté aux mains de son sonneur habituel, le pouvoir clérical, mort avec lui. Ils ont pour titre leur ancienneté et ce qu'ils appellent *le principe;* mais ils se réduisent à Henri V, prétendant sans héritier, voire même sans espoir d'en avoir.

De son côté la famille d'Orléans représente la monarchie constitutionnelle, pouvoir mixte ou gouvernement de tous exercé sous la responsabilité d'un seul. Ses titres sont la légitimité d'abord, puis son nom de constitutionnelle, qui sert de pont aux deux principes pour se tendre la main et se la serrer au besoin.

Je mentirais si je disais qu'entre les trois mon cœur

balance ! — Je méprise profondément tous les Bonapartes, présents et à venir ; ces derniers, s'ils se présentent au trône... Je ne crois pas au droit divin et repousse « énergiquement » l'immixtion de « tout » clergé dans les affaires de l'État ; j'aime la famille d'Orléans et tout en lui disant ce que je pense, sous forme de vérités, je lui garde bon et sincère souvenir ; seulement...

N'anticipons pas.

Pour rentrer au pouvoir, la famille d'Orléans a deux portes : celle de l'hérédité ouverte seulement à M. le comte de Paris, et celle du choix s'entrebaillant pour tous ses membres.

Je ne reviendrai pas sur ce que j'ai dit du pouvoir monarchique en général et du principe autoritaire en particulier : tous deux ont fait leur temps et il est dit que ce que la vétusté emporte ne peut renaître ou revenir.

Quoique constitutionnelle, une monarchie n'en est pas moins une monarchie, c'est-à-dire le pouvoir représenté par un seul et dans certaines limites. On a beau en repeindre le blason et dire « la balance est aux deux » dans une monarchie, tant constitutionnelle qu'elle puisse être, le principe autoritaire primera toujours le principe libéral par le fait même du principe monarchique ; ce qui me gêne dans la réédification de M. le comte de Paris. Si ce n'est lui, ce sera son fils... son petit-fils... un des siens, enfin, qui se sentant de force à porter seul le fardeau du pouvoir prendra ce dernier en mains ; et alors... alors, le principe étant là qui veut la liberté, il nous faudrait en revenir à notre point de départ trop jonché de cadavres, pour nous y maintenir de nouveau. En fait de destinée, la besogne faite est *faite*; et quand la fatalité mène la barque les hommes n'ont plus qu'à s'incliner.

Mais l'Angleterre...

D'abord l'Angleterre n'est pas nous et chaque peuple marche à son pas! Pouvons-nous dire ce qui sera? Non! Eh bien! alors, laissons marcher le temps et la fin du siècle nous en dira plus long!

Deux raisons rendent le pouvoir constitutionnel, sinon impossible en cet instant, du moins assez difficile pour ne voir que l'échec en lui — l'heure qui n'est pas aux transitions, et l'essai malheureux qu'en a fait l'Empire à ses derniers moments.

Quand les destinées d'un peuple sont à *température moyenne* il lui faut pour se maintenir en équilibre, je n'ai besoin de le dire, un régime analogue à ces dernières et tenant à niveau les plateaux de la balance entre le principe qui vient et celui qui s'en va, tâche qui incombe de droit et de fait au pouvoir constitutionnel. Lorsqu'au contraire ces mêmes destinées sont à température *haute* ou *basse*, ce qui implique les extrêmes, il faut à la nation qu'elles dominent, non plus la fusion des principes exigée plus haut; mais ces derniers seuls et sans entraves; ces derniers dans toute leur force et puissance.

Le pouvoir constitutionnel qui en 1830, époque de transition, représentait les idées du jour, lesquelles n'étaient encore que sur la route qui mène d'un principe à l'autre, a bien pu, puisqu'il exprimait l'opinion du moment être de mise alors; ce fut même, je dois le dire, à titre de principe intermédiaire qu'il prévalut: Aujourd'hui c'est autre chose! Le temps, gros de tempêtes, est à l'orage et il nous faut, coûte que coûte, trancher dans le vif!

Comme jadis le parti nommé JUSTE-MILIEU porta Louis-Philippe au trône, celui que, de nos jours on nomme CONSERVATEUR, a maintenu, son règne durant, autant par effroi de la République que par amour du *statu quo*, Napoléon III sur ce dernier. Mais conservateurs et juste-milieux ne représentent, les uns et les autres, qu'un pouvoir intermédiaire et destiné à la fusion; qu'une idée personnelle — celle du jour — n'allant jamais au-delà de son époque et toujours mourant avec elle; ce qui explique pourquoi le gouvernement de la Restauration, celui de Juillet et les deux Bonapartes n'ont pu se maintenir au pouvoir en dehors de la génération qui les avait portés.

Avec le temps les idées changent, et la loi que nous avons appelée « universelle » veut que lorsque ces dernières se renouvellent la société se refasse avec elles; ce dont on ne se souvient pas assez à l'occasion : règle générale, quand un cataclysme se produit dans la vie des gens ou dans celle des peuples, il faut se dire que le temps a marché mais que l'homme est resté stationnaire.

Une dernière raison, et qu'à ce titre j'ai gardée pour la fin, est celle qui nous dit que toute dynastie déchue est *fruit tombé*, partant sans durée fixe; et M. le comte de Paris — pour son malheur — est sous le coup de deux légitimités jetées bas ! !

J'en suis fâché pour la famille d'Orléans en général et pour M. le comte de Paris en particulier, mais nos destinées, force contre laquelle on ne peut aller, ne sont et ne seront de longtemps à la monarchie, même constitutionnelle... Vouloir y revenir quand même, serait donc déboire pour tous; et ce qui se passe chez nous en cet instant, loin de détruire l'opinion émise, ne fait que la confirmer en moi...

Notre compte réglé avec M. le comte de Paris, HÉRITIER DYNASTIQUE, passons au reste de la famille.

XIII

En fait et de droit, rien n'exclut du gouvernement de la France — monarchique ou républicaine — les princes d'Orléans : ils ont l'estime de tous et les sympathies de beaucoup; mais — je le dis avec regret — leur entrée au pouvoir est aussi difficile, en cet instant, que peu probable; et ce serait faute à moi de le leur dissimuler.

En y regardant de près, et en dehors de l'ordre dynastique, deux seulement, dans le nombre, ont la chance d'arriver — le duc d'Aumale et le prince de Joinville; tous deux ont fait leurs preuves et on les sait capables; tous deux, en s'expatriant, ont laissé de nombreux amis et de bons souvenirs; mais...

Les mais abondent et dans la destinée ces derniers représentent les obstacles!

Outre que derrière MM. d'Aumale et de Joinville se trouve comme antithèse au mandat de républicain — car nous sommes en République et il s'agit du principe, — leur neveu, M. le comte de Paris, devant les prétentions duquel ils ne peuvent, en bons et loyaux parents, que s'incliner jusqu'à ce que nous ayons tranché dans la question de monarchie, les antécédents de Louis-Napoléon, président de la République en 48, sont là pour leur encombrer le chemin. Admettons pourtant qu'ils arrivent au pouvoir par l'une ou l'autre porte, qu'arrivera-t-il?

Là comme ailleurs, et pour eux se dresseront les difficultés et déceptions de tous genres, car les masses qu'un rien dévie, les masses trompées une première fois et en droit de se dire trahies, douteront d'eux à chaque pas et chaque fois que le succès leur fera défaut. Du doute à l'accusation il est à peine la distance d'un pied à l'autre... et l'on sait si cette dernière est vite parcourue quand on croit à la trahison! De l'accusation, je ne dirai pas à la mésestime, cette dernière n'est que pour les traîtres de fait; et jusqu'à ce jour, Napoléon III en a eu le monopole comme roi, mais à la désaffection du pays, il n'est qu'un pas encore et des moins grands! et quand, de pas en pas, on se trouve tout au bord de l'abîme, il suffit d'un mouvement fait à faux pour y précipiter, avec l'équipage, celui qui tient les rênes, ce qui, du reste, est arrivé au père de ces messieurs, ainsi qu'à tous les autres dépossédés.

D'autre part, car là encore est une question à débattre, MM. d'Aumale et de Joinville ne sont-ils bien — doute que les malveillants ne manqueront pas d'émettre s'ils entrent au service de la République, — que les compétiteurs et non les complices de leur neveu; et à son tour, le pays ne verra-t-il pas trop — ce dont j'ai peur — l'ombre du neveu derrière la personnalité des oncles? Ajoutez que dans la famille et pris au bas mot ils sont trois à compétiter, ce qui diminue leurs chances d'arriver, puisque toute force qui se divise perd de son intensité.

Je dirai plus, et que ma sincérité leur soit conseil, ils ont entamé leur cause par trop d'empressement à la curée : Pour rentrer en France, ces MM. auraient dû attendre la validation de leurs mandats de députés et ne se montrer au pays que bien et dûment autorisés par lui;

mais on ne guérit pas de la peur; et craignant d'être distancés ces MM. ont laissé croire à une intention qui n'est pas, j'en réponds.

Concluons : le principe monarchique nous a dit son dernier mot et nulle force humaine, si ce n'est en passant,ne peut le rétablir. C'est un adieu en règle qu'il nous a jeté et il faut en prendre son parti.

Cet adieu, il nous l'a dit sous la forme autoritaire, entre les bras du droit divin, mort avec la chute de Louis XVI et celle de Charles X; sans droit divin, avec l'Empire tombé de lui-même et par ses propres fautes — comme régime constitutionnel avec la monarchie de Juillet et les restes de l'Empire — avec la monarchie de Juillet qui n'a jamais été dans nos destinées qu'un gouvernement de transition menant d'un principe à l'autre et par cela même sans durée possible; avec les restes de l'Empire qui vieillissait le principe en l'inaugurant comme épave de secours, à l'heure de son déclin, et l'enterrait de même!

Or donc, et de par nos destinées : un DE PROFUNDIS pour tout ce qui est monarchie; et si nous sommes rationnels, si nous voulons un gouvernement durable, il faut oublier cette dernière pour rester dans le principe qui se lève à l'horizon.

XIV

Quand un principe qui a fait son temps doit s'éteindre dans une destinée quelconque, peuple ou individu, cette dernière prend soin elle-même de lui encombrer la route en fermant toute porte au retour; et pour se convaincre de ce que j'avance, il suffit de remonter le cours des événements qui ont précédé la chute du principe en partance; et l'on verra que ces derniers portent tous, en eux, l'empreinte de la décadence et les stigmates de la vétusté; l'on verra que tous disent dans leur langage de ruine et à qui les interroge : « Un autre est là... prenez vos mesures en conséquence! »

Ces paroles qui attestent la sollicitude du maître pour ses créatures, se retrouvent jusque dans les moindres incidents qui ont précédé nos changements de règne et la chute de leurs rois; à droite... à gauche de la question, sur le bord, au centre de la route, tout est *lumière*! tout est SYMBOLE!! tout est AVERTISSEMENT!!!

Je cite entre mille.... on cherchera les autres.

De 89 jusqu'à nous, *cinq héritiers directs* de dynasties *régnantes* — Louis XVII, le duc de Reichstad, le duc de Bordeaux ou comte de Chambord, le comte de Paris et le Prince Impérial— tous cinq nés pour le trône et dans les conditions d'espérance voulues pour y arriver, n'ont pu, par le fait de la fatalité, atteindre à ce dernier et pas davantage à leur majorité de *prince-héritier*. Sur les cinq — et c'est à remarquer — deux, Louis XVII et le duc de Reichstad, tous deux, *tête et fin de ligne,* sont morts misérablement et sans autres successeurs que des collatéraux plus ou moins éloignés. Deux autres, le comte de Chambord et celui de Paris, tiennent dans l'ordre de succession la place de leurs pères morts misérablement — le duc de Berry, assassiné et sans lignée ouverte.... le duc d'Orléans, de chute de voiture et d'accident!

La part du Prince Impérial est plus triste encore!!

Louis XVII et le duc de Reichstad en mourant sans enfants, ont clos leurs dynasties sinon de droit, du moins de fait. M. le comte de Chambord est sans héritier direct; et, à tort ou à raison, tout aussi bien que le Prince Impérial, il s'est vu contester sa légitimité....

Je me hâte de le dire, je ne crois pas au doute; mais par respect pour le principe évoqué, pour être en droit de le soutenir, le représentant du *droit divin* ne doit pas plus être soupçonné en sa naissance que la femme de César en sa réputation; malheureusement!...

Seul, M. le comte de Paris peut regarder en avant; aussi est-il le seul qui représente le pouvoir constitutionnel, second degré du pouvoir monarchique; et si pour arriver à la station de durée il faut à la République une étape de plus — ce que je crois moins que jamais — lui seul, encore, a la chance d'être investi du mandat intermédiaire; mais franchement, doit-il le désirer?

XV

Le principe monarchique, mort et enterré, que nous reste-t-il en perspective et comme avenir? L'Éventualité qui peut être... la République qui sera... l'anarchie dans laquelle nous sommes.

L'éventualité en cette circonstance peut, comme toujours, être tout ou rien; néanmoins et comme en toutes choses il est des principes dont on ne peut sortir, il nous faut ici, comme ailleurs, en passer par ces derniers et subir leurs conséquences. Les principes! tout est là dans la vie, comme base et point de départ.

En loi de progression, un Empire qu'il faut inaugurer, ne succède pas, ce qui serait le renversement des choses et la destinée n'admet sous elle que ce qui est plausible, à un Empire qui tombe, à moins qu'un gouvernement mixte et intermédiaire ne vienne, en les distinguant, relier les époques entre elles; mais un Empire *constitutionnel* peut fort bien, quand le règne précédent n'a pas tué sous lui les deux principes, enfreindre la loi et succéder à un Empire autoritaire; c'est degré de hiérarchie et dans ce cas-là tout est valable : l'Empire de Napoléon III, autoritaire d'abord, constitutionnel à la fin, ne peut donc avoir pour successeur un autre Empire quel qu'il soit, les principes s'y opposent; et je l'ai dit, EN DESTINÉE, LES PRINCIPES ONT FORCE DE LOI.

Par le fait même du principe de progression, une monarchie , quelle qu'elle soit, autoritaire ou constitutionnelle, ne peut judicieusement remplacer un empire qui tombe; ce serait déchoir; car si dans la vie on décline quelquefois, par contre on n'y recule jamais; et si le gouvernement de Juillet, ceux de la Restauration n'ont été qu'éphémères et pour ainsi dire en passant, c'est moins aux événements, insignifiants en eux-mêmes, qu'il faut s'en prendre qu'à ce sentiment intime d'amour-propre froissé qui pousse l'homme, et en dépit de sa raison, vers l'éclat dont on l'a dépossédé : nous n'étions plus QUE monarchie, et l'Empire avec toutes ses gloires miroitait encore à nos yeux!...

L'Empire donc, pas plus que la monarchie, la monarchie pas plus que l'Empire, ne sont admis comme éventualité, par nos destinées du moment, tout au libéralisme; et la seule chance qui pourrait leur rester — un homme nouveau — les exclut plus encore que le reste; parce que ce dernier, pour être possible, doit être dans les exigences du jour, diamétralement opposées à l'un comme à l'autre.

XVI

L'anarchie étant, nous n'avons à nous préoccuper ici que de sa durée.

Principe équilibrant, mais principe de lutte bien plus que de fusion, l'anarchie porte en elle la fin d'un règne et le commencement d'un autre: comme le pouvoir constitutionnel, elle est principe de transition mais avec cette différence qu'étant l'heure des ténèbres elle est aussi, et dans la vie des peuples, celle où les principes, acharnés l'un contre l'autre, se prennent corps à corps et luttent jusqu'à l'extinction de l'un des deux; tandis que ce dernier, tout de conciliation, porte en lui, se fondant en une demi-teinte, le crépuscule du principe qui meurt et l'aurore de celui qui nait. —L'un est un effort, l'autre un simple passage...

Etant principe de réaction, l'anarchie ne peut être que d'un temps relativement court: Sa tâche est prompte! son heure marquée !! Son action la tempête !!! Mais comme toute force qui se projette d'élan, elle ne peut avoir qu'une période de hâte et rien de plus!

Dans l'atmosphère des peuples, elle est la foudre dont les éclats, parfois meurtriers mais toujours salutaires, dégage cette dernière de son trop d'électricité se heurtant dans la destinée sous forme de principes: C'est l'orage? Mais aussi, et en vertu du principe, le présage de jours meilleurs. Espérons donc, puisque la porte s'ouvre à l'espérance! quant à moi : JE CROIS; et l'anarchie présente n'est, à mon avis, *que le réveil de la Nation* engourdie et détournée par vingt ans de pression mauvaise; elle est son premier pas vers la renaissance ; pas vague... indécis... tronqué... plein de fautes et de sang, car les chutes y sont nombreuses et les blessures profondes ; mais ce pas sans donnée fixe d'abord, mène a un plus juste après, lequel à son tour mène à un plus droit encore : et de pas en pas, comme le voyageur qui tend au but, nous arrivons au port qui nous attend.

XVII

En vérité je vous le dis ; nous marchons à une ÈRE de République ; et cette dernière est aujourd'hui seule possible en France ! Pourquoi ! Parce qu'elle représente le libéralisme pur, principe ascendant ; et que partout où un principe en chasse un autre, il faut s'incliner et lui céder la place.

Je le sais, et il n'est besoin de me le dire, dans notre beau pays de France, la peur des uns et la répulsion des autres lui ont fait mauvais parti, non-seulement chez nous mais encore à l'étranger. Je sais aussi, que, tremblant de crainte sur leurs trônes qui tremblent avec eux, les rois ont juré sa perte et la nôtre avec ! Mais de ceci je ne m'inquiète ; car si la République avait pour elle moins de chances d'avenir, MM. les potentats *de la réserve* se fussent moins effacés devant la Prusse et plus montrés à notre égard !

Je sais aussi que pour l'empêcher d'être on la décrie sans raison, et que, sans faire la part de chacun, l'on porte à son compte, tout ce qui se fait de mal et d'onéreux dans le pays. Je sais encore que beaucoup, usurpant le titre de Républicains, ont abusé du nom et entaché le mandat. Mais en présence du principe, fort de lui-même, que sont ces misères qui ne sont que des hommes? Que sont en présence du mouvement qui pousse en avant ces détails d'intérieur si ce n'est moyen dont la destinée se sert pour arriver?

Pour les masses qui ne jugent que d'après les effets et rarement par les causes, République et révolution ne font qu'un parce que, pour arriver jusqu'à nous, la première a dû mettre les deux pieds dans le sang de la seconde. C'est une erreur! et les deux font la paire puisque toute République peut être sans révolution et toute révolution sans amener de République; mais ce qui est, et ce que dans leur esprit de dénigrement les hommes ne veulent ni voir ni comprendre, c'est que toute révolution a pour principe les gens qui retiennent aussi bien que ceux qui poussent; et que toute République s'installerait sans mot dire si ceux qui retiennent n'étaient là pour créer le conflit; ce qui n'empêche pas que la plupart du temps le mouvement ne profite ni à ceux qui poussent ni à ceux qui retiennent.

Un mot et la question est tranchée :

Toutes les secousses qui relient 89 à notre époque et en font un drame en plusieurs actes, tous les agissements par lesquels nous avons dû passer et passons chaque jour depuis que les révolutions ont pris pied chez nous, n'ont été et ne sont, en réalité, que l'ENFANTEMENT du libéralisme par nos destinées; lesquelles sont à la République en ce moment, tout comme un baromètre est à pluie ou beau temps selon que son mercure est plus ou moins haut et comme tout enfantement est révolution de fait, comme il porte en lui douleur et effusion de sang, la France, MÈRE DE RÉNOVATION, et tout entière à son travail d'enfantement, souffre pour mettre au jour le gouvernement qui lui incombe; et de son sang généreux, de celui de ses enfants, morts à la peine, elle féconde l'œuvre nouvelle en lui donnant force et puissance pour l'avenir.

XVII

Dans le temps tout a sa marche, dans la vie tout a son heure ; et il en est de l'existence des peuples comme de celle des individus — les phases y succèdent aux phases... les événements aux événements... et dans la succession des uns comme dans le mouvement des autres, tout se tient et s'enroule dans une même solidarité ; tout s'y relie sans qu'on puisse l'empêcher, de conséquences en conséquences, de résultats en résultats ; formant là ainsi comme une SÉRIE DE VIE qui du passé mène au présent, du présent à l'avenir...

Dans ce grand mouvement d'ensemble et d'harmonie, force du monde, tout rouage — édifiant d'ici... soutenant de là — détruisant et emportant ce que le temps a frolé de son aile, marche sans se heurter à son voisin ou se détruire par trop de chocs ; tout rouage y joue le double rôle d'effet et de cause ; toute cause y a son effet, et tout effet sa cause. C'est ainsi que le principe libéral, ascensionnel, aujourd'hui, repousse de sa venue le principe autoritaire à son déclin ; lequel à son tour et quand des siècles auront passé sur l'œuvre de destruction, pour reprendre celle de rénovation, viendra renverser le principe libéral, en fait aujourd'hui ; et comme les deux se valent, il y aura lutte encore ; mais cette fois ce sera au nom de monarchie que s'attachera celui de révolution, car la faute, dans l'esprit de l'homme et quelle que soit son origine, porte toujours sur le plus faible.

L'univers n'étant à proprement parler qu'une grande homogénéité et celui qui l'a créé toujours en harmonie avec lui-même, une seule loi y régit tous les mondes et en dirige les mouvements; une seule loi, unique en son principe, y étreint, dans le nôtre, l'homme, la plante et les minéraux.

Quand je dis « l'homme » je parle de tout ce qui a vie et mouvement.

Cette loi, qu'un peu d'observation fait notre tributaire, est la loi de progression basée sur la lutte et le ternaire, *nombre de la divinité*, laquelle loi, allant des mondes supérieurs aux mondes inférieurs en passant par le nôtre, se retrouve en tout et partout: C'est elle qui nous dit Dieu en son ensemble et nous le montre en ses détails; elle qui nous fait solidaires les uns des autres par les rapports qu'elle établit entre tout ce qui relève de la création; et, centre de vie, elle est le point de départ de tous les événements ou épopées qui composent cette dernière. Ce que nous allons tâcher d'établir :

Dieu étant principe unique et d'harmonie, il n'a été que logique à lui de créer l'homme à son image; et comme il y a trois personnes en lui, — le Père qui procrée, le Fils qui est engendré, le Saint-Esprit qui procède des deux et en est la quintescence, retrouvons-nous, en l'homme, trois personnalités bien distinctes, — l'instinct qui procrée, l'idée qui est conçue et le sentiment, partie éthérée de l'âme ou quintescence des deux autres.

Comme la trinité divine, la trinité humaine, prise en son principe, n'est donc, de fait et en réalité, que la loi du ternaire basée sur celle de lutte et progression; car partout où il y a lutte il y a progression, et partout où il y a progression la lutte est de rigueur.

Il va sans dire que, passant d'un principe à l'autre, le nombre trois porte en lui lutte et progression.

L'univers, à son tour, étant le milieu dans lequel l'homme devait vivre, et la terre, son élément, tous deux n'ont pu, comme conséquence de la loi, que réfléter les principes qui constituent — Dieu d'abord, nous ensuite. Ainsi, trois règnes dans la nature : — animal, végétal et minéral ; trois personnes dans la famille : — le père, la mère et l'enfant ; trois phases dans l'existence de toutes choses : — la naissance, la vie et la mort, — le germe, la fleur et le fruit, etc.

Le temps étant donc, ainsi que le reste de la création, comme une solidarité d'harmonie, soumis à la loi du ternaire, nous retrouvons en lui, et comme base essentielle du principe, les trois degrés de progression, — le passé qui n'est plus -- le présent est encore — l'avenir sera et peut toujours s'escompter par les deux autres.

Puisque en réalité le temps n'est qu'une unité en trois personnes, il n'est que logique, alors, de remonter à la première pour avoir le mot de la seconde et les *probabilités* de la troisième.

Ceci dit, j'entre en matière.

XVIII

Le premier qui fut roi fut un soldat heureux ! c'est-à-dire, supérieur à ses compagnons, par la force, l'adresse ou le courage ; il fut élu par les autres ou s'imposa à ces derniers ; peut-être les deux ! mais les circonstances, seules appuyées de la volonté de tous, représentée alors comme aujourd'hui par la majorité des voix, lui servirent de piédestal, et il ne naquit point, que je sache, en dehors de la loi commune ou pourvu de signes spéciaux à l'espèce.

Comme l'on avait été content de sa gestion, et peut-être lui-même avait-il préparé l'œuvre ? le mandat fut continué à son fils... puis à son petit-fils..., et de père en fils ou de fils en fils, comme vous voudrez, l'usage se perpétuant, la monarchie fut établie par droit de conquête et de popularité — rien de plus !

Il est généralement admis, parmi ceux que la fortune caresse de son aile, de se croire supérieurs au reste de l'humanité par le fait même du succès. De ce sentiment tout empreint de nous-même, au droit divin et pour un roi, il n'y avait qu'un pas ; peut-être deux... mais si peu marqués, alors, que tous, et tant qu'ils étaient, monarques et princes, nobles et hobereaux le firent sans sourciller ! Je sais bien que les peuples auraient pu protester, mais ils ne le voulurent pas ; les uns parce que la lutte leur répugnait, et qu'ils étaient gens d'attermoiement ; les autres parce que l'idée n'y était pas et qu'on ne sut point la leur inculquer ; ceux-ci parce qu'ils ne virent et ne comprirent rien ; ceux-là parce qu'il leur fallait un fétiche à adorer et que princes et rois sont tous dans le rôle ! etc.

Du droit divin, institué par la « grâce des monarques » à la religion d'Etat faite pour le soutenir, il n'était non plus qu'un pas ; lequel, se fit comme le premier, par tous les rois s'échelonnant les uns les autres... De la religion d'Etat à la pression tyrannique qui enchaîne les consciences, il n'était qu'un pas encore, et des moins grands ; chacun le fit donc et se trouva à niveau... De la pression tyrannique à l'injustice des forts, le pas est bien petit et l'aveuglement des rois si grand !, que toujours, et sans s'en douter ils entrent dans la pente... De l'injustice des rois à la révolte des peuples, la distance est franchie et les deux se tiennent !!!

C'est à cette période des mouvements ascensionnels, que nous retrouvons, conséquence de progression, 89 le RÉVOLUTIONNAIRE et 93 le RÉGICIDE.

XIX

Avant d'aller plus loin, établissons comme base d'enseignement, ce qu'est la destinée prise dans son sens générique.

A vrai dire, et pour me servir d'une comparaison à la portée de tous, la destinée n'est qu'une immense roue qui tourne sur elle-même, variant de mouvements selon l'heure et le moment ; accentuant ou ralentissant sa marche, suivant les circonstances, etc., etc.

Comme toutes les roues qui sont de l'homme, celle-ci se compose d'un axe ou pivot de mouvement. — La vie chez nous — d'une circonférence ou zone extérieure dans laquelle se meut le mouvement — le milieu, instincts, idées ou sentiments, dans lequel nous vivons et enfin de rayons qui nous sont autant de routes pour arriver, ou si mieux l'on aime, les tendances qui nous guident et les facultés qui nous mènent.

La roue dont je parle comme toutes les roues possibles se partage en quart, huitième, seizième de cercle, etc., lesquels renferment, à l'état d'embryon, les événements qui composent la vie et tout ce qui est de cette dernière. Ces quarts, demi-quarts de cercle etc., à leur tour, montent ou descendent, stationnent ou se pourchassent, prônent ou sont prônés, selon que le mouvement porte en haut ou en bas; mais soumis au principe de lutte et progression, tous se chassent sans relâche, se succèdent sans repos et, ce qui constitue la vie et le mouvement, arrivent au point de départ pour en repartir aussitôt.

M. Behr, savant distingué, a inauguré dernièrement un cercle dynamique dans lequel il a renfermé comme principes d'électricité et de magnétisme, tous les éléments terrestres : Ma roue est cousine germaine de son cercle, et comme lui elle porte en elle, mais dans un autre sens, les éléments de vitalité — ici, les principes qui dirigent la vie et les idées qui la conduisent — là, les événements qui la composent et les incidents qui la font naître — plus loin, ce sont les dangers et les malheurs qui tiennent la place — dans une autre partie la réussite et le succès sont maîtres de céans; puis se trouvent nos défauts... nos qualités... nos tendances... nos facultés, etc... seulement, et c'est en cela que nous différons, quoique le principe entre M. Behr et moi soit au fond le même, le cercle de ce dernier reste en place et sans progression apparente; tandis que ma roue est de mouvement continu et sans arrêt, même apparent; car la vie, quelle qu'elle soit, douce ou pénible, tient toujours et le temps passe avec.

Chaque quart, huitième ou seizième de notre roue, renferme donc en lui, un principe, une idée ou un sentiment qui lui est propre; lequel principe, idée ou sentiment, tend d'autant plus à s'affaiblir qu'il s'éloigne du point central, pour s'effacer complètement à mesure qu'il se rapproche du cercle extérieur; et les extrêmes, sans indulgence à leur point de départ, sont d'autant plus prêts à se rejoindre qu'ils tendent davantage à la circonférence.

Chaque quart, huitième ou seizième de cercle, a en outre, en opposition avec l'idée, le principe, le sentiment qu'il renferme, un autre lui-même, contraire au principe ou à tout autre élément qu'il contient. Il en est de même pour les événements — le pour et le contre s'y font équilibre, de même pour nos facultés — le défaut et la qualité y sont toujours en regard, de même pour tout ce qui est de nous.

Or donc, quand un principe —bon ou mauvais—occupe le haut d'une destinée, le principe inverse se trouve au bas de cette dernière, ce qui donne la force à l'un, à l'autre l'impuissance.

Quand le principe autoritaire tient le haut de la roue chez un peuple, tout naturellement, alors, les monarques sont de mise et de rigueur ; tout naturellement aussi, quand le principe libéral y prime, comme en cet instant chez nous, tout pouvoir personnel reste sans prestige ; et, la République jetant son bonnet par dessus les rois et empereurs qu'elle chasse à grand renfort d'égalité, apparaît d'elle-même et forcément.

Les menées des uns et l'ambition des autres ; les rencontres fortuites ou préméditées de ceux qui montent et descendent le long des parois de la roue, et qui, trop occupés d'arriver en bonne et première place, ne voient qu'eux et leurs intérêts propres, occasionnent parfois et dans le mouvement imprimé à cette dernière, les secousses dont nous souffrons en cet instant, et lesquelles forment, en rejetant tout pêle-mêle dans la vie générale, ce que l'on appelle les révolutions.

D'autres fois, confondus de rangs et envieux de changements, les hommes se heurtant d'ici... se battant de là... se ruent tous ensemble sur un seul point de la roue : le POUVOIR ; et alors, détruisant pour reconstruire, construisant pour détruire, ils vont de ce qui est à ce qui n'est pas, pour laisser ce qui n'est pas et retourner à ce qui est ; et las enfin de tant de luttes ; meurtris... épuisés par la force des choses et du destin, ils se jettent à corps perdu dans ce qui doit être et sera !

Tout principe ayant donc son équivalent pour lui faire équilibre dans la destinée, et l'un étant à son apogée quand l'autre est à son zénith, tout naturellement et par suite du mouvement de rotation, l'un s'en va quand l'autre arrive, et celui qui arrive pousse celui qui s'en va : c'est la loi de progression basée sur la lutte ; et nous nous retrouvons à notre point de départ.

XX

Avant Pharamond, le *soldat heureux*, les Francs se gouvernaient eux-mêmes ou se faisaient gouverner par des chefs qu'ils choisissaient et changeaient à leur gré : c'était le gouvernement de tous et non celui d'un seul. A dater de Pharamond, le roi vainqueur et improvisé par ses soldats, jusqu'à Louis XVI, le roi martyr et surmené par ses sujets, le pouvoir autoritaire et monarchique succédant à celui de tous, a tenu le haut de la roue dans les destinées de la France ; clément et facile sous un roi débonnaire comme nous en avons eu beaucoup ; despote et tyrannique sous un roi arbitraire comme Louis XI; parfois vainqueur comme sous Charlemagne et Louis XIV; amoindri comme sous Charles VI et Louis XV; honnête sous les uns, malhonnête sous les autres, mais néanmoins existant toujours et selon les besoins du moment. En un mot, tant que le principe libéral a été tenu en fourrière par nos destinées, le principe autoritaire et personnel a régné en maître chez nous, et les masses elles-mêmes l'ont maintenu au pouvoir.

Traversant les mutations du principe qui arrive et les vicissitudes de celui qui s'en va, le principe autoritaire et monarchique a donc, et sans oublier la loi du ternaire, passé par tous les degrés, ascendants et descendants, de la lutte et progression.

Etablissons.

De Pharamond, premier roi de France, à Louis XVI, dernier du nom, sont trois races;—trois races *seulement*: MEROVINGIENS, CARLOVINGIENS, CAPETIENS; et tous ceux qui ont régné depuis, n'importe à quel titre, les deux Bonapartes, les *restaurés* Louis XVIII et Charles X, Louis-Philippe lui-même, ce roi bourgeois et de bonnes mœurs (*trois* dynasties dont les représentants sont encore debout) n'ont été pour nous et dans la destinée que des rois de *paille* et *d'occasion*, par conséquent incapables de faire souche et de s'implanter au sol, ce que je vais prouver en m'appuyant des principes émis.

XXI

Nous l'avons dit, mais il faut le répéter pour le besoin de la cause; « le nombre *trois* est le nombre de la création, comme il est celui de la divinité. »

Donc, quand il a parlé, il faut s'en tenir à sa décision, rarement en défaut ; et il est si bien le nombre universel, partant celui de la fatalité, qu'il est admis dans le public, et parmi les plus forts, qu'un événement qui nous arrive à l'improviste — heureux ou malheureux — entraîne toujours après lui la série du ternaire.

Tant que le principe autoritaire et monarchique a été de mise dans nos destinées, il s'y est donc maintenu de soi, sans secousses ni révolution, et pendant que deux races entières et une partie de la troisième le maintenaient au trône. Tout au contraire sous les derniers rois de cette troisième race, celle qui représente le principe en sa période décroissante, nous le voyons perdre haleine; et sous un ferment de libéralisme encore latent, mais s'accentuant chaque jour davantage, se prépare la grande révolution qui, d'un peuple esclave, devait faire de nous un peuple libre et indépendant !

Le droit du Seigneur, la plus grande monstruosité que je connaisse — et c'est à lui que revient l'honneur de la Révolution française, — le droit du Seigneur, plus barbare en son principe, car rien ne le justifiait, et moins logique en sa cause que les horreurs de 93, représailles méritées, en déversant son sang dans les veines du peuple, dont il tronquait ainsi la nature primitive, y inféodait en même temps l'esprit d'indépendance et le sien propre. « Bon sang ne peut mentir ! » et ceux que l'on forçait ainsi à entrer dans la vie par une porte qui n'était pas la leur, le faisaient pour ainsi dire la rage au cœur et comme aiguillonnés par la vengeance du forfait : ils étaient en bas, mais tout en eux les attirait vers le haut — leur principe vrai.

Peine du talion, laquelle est LOI DIVINE, dit l'Écriture,

la Révolution de 93 a donc été, en elle-même et au point de vue de la destinée, une grande et belle chose, puisqu'elle a fait payer *aux pères*, par la main *des fils*, le martyre *des mères*... !!!

— Mais les femmes étaient innocentes et les enfants aussi ?

Et les maris, donc ! et ceux qui naissaient de cette pression coupable, n'étaient-ils pas innocents aussi ? D'ailleurs, quand une caste pèche par un de ses membres, elle pèche tout entière par la solidarité qui les unit ; et quand la faute est publique, comme l'était le droit du Seigneur, quand des siècles durant, elle a eu l'assentiment de tous, la consécration *du trône et de l'autel*, elle porte sur la masse et jusqu'à la troisième génération ! Sans le droit du Seigneur — chacun restant à sa place — la France serait encore monarchie ; avec ce dernier elle s'est faite républicaine par la masse de rois, *in partibus*, qu'on lui a donnés...

Je crois m'être expliqué ?

XXII

Quand un arbre doit produire, la nature, prévoyante et bonne mère, lui donne force branches et rejetons ; quand il doit périr, les unes tombent et les autres s'en vont...

Les dynasties étant *arbres généalogiques* — et les rois eux-mêmes se plaisent à les dénommer ainsi — voyons si nous retrouverons dans celles qui se disputent les marches du trône, les branches et rejetons de la plante en vigueur.

Prenons la tige à rebours...

Napoléon III n'a qu'un fils; et encore... tout maladif et délicat! Ce n'est donc pas chez lui que le principe porte puisque la dynastie peut rester sans chef.

Si dans l'arbre généalogique des rois, la famille d'Orléans représentait la branche-mère et non point une de celles qui épuisent la séve sans la renouveler, elle serait dans les conditions voulues de dynastie, mais par malheur il n'en n'est rien; et la fusion dont on parle se fît-elle, elle n'en resterait pas moins branche *accessoire* ou monarchie de *remplissage.* — Le courant est rompu, la chaîne de succession brisée; ce n'est donc pas là que se trouve, pour nous et dans nos destinées, l'avenir qu'on attend.

Branche gourmande de fait, puisqu'ils nous ont été *ramenés* et *imposés* par les étrangers, ce qui exclut le principe en lui-même et le rend bâtard au même titre que les autres, les Bourbons de la Restauration n'en représentent pas moins, chez nos compétiteurs du jour et à titre d'héritiers de Louis XVI, le principe autoritaire et monarchique dans son *exclusivité;* c'est-à-dire, celui qui naît de soi, meurt et fait son évolution en temps voulu pour redescendre et mourir de même. C'est donc chez eux que nous allons chercher le mot du problème et en les reprenant de haut.

Je pars de Louis XIII, car c'est à dater de cette époque que la déchéance du principe commence à se faire sentir dans nos destinées.

Ce roi, plus connu par son ministre que par lui-même, en est à désirer un héritier qui lui vient tard! Ce dernier, — Louis XIV, voit mourir tous les siens et n'a pour lui succéder au trône que son *arrière petit-fils*, — Louis XV !

Il en est de même ou à peu près pour ce dernier. .

Avec Louis XVI et son fils s'éteint la *légitimité directe*, ce qui est encore infraction au principe.

Jointes à la chute de Louis-Philippe et à la mort de son fils, la stérilité de M. le comte de Chambord, comme aussi la mort du duc de Reischtad, sont donc pour nous leçons de la destinée et dénégation de cette dernière pour qui croit le pouvoir monarchique encore possible en France : « Où la fatalité frappe, c'est la main de Dieu qui s'appesantit ! » et tant que nous nous entêterons à ne point voir autour de nous, les hommes iront mal et les choses de travers : « La loi est au centre du poteau, le poteau à tous les carrefours, et quand le voyageur passe sans voir, c'est qu'il oublie de regarder. »

Vouloir soutenir un principe qui s'en va ou arrêter celui qui arrive, est donc faute ; faute grave et inhérente à tous ceux qui s'attèlent à une idée croyant pousser à un principe, faute dont nos rois des derniers temps n'ont que trop abusé : Si mieux conseillé, Louis XVI avait su rendre les rênes et entrer franchement dans la voie de progression, la Révolution française fût restée sans raison d'être, et la République — où elle était ; — si Napoléon 1er, l'homme du pays et des circonstances n'avait pas, en portant la guerre où il n'avait que faire outre-passé ses droits et ceux de la nation, sa dynastie serait encore au trône ; si Charles X n'avait pas rendu ses fameuses ordonnances..., si Louis-Philippe..., si Napoléon III... ;

Mais l'heure passe et l'on peut me suivre maintenant :

Pharamond a donc été pour nous le point de départ du

principe autoritaire et monarchique, comme Louis XVI en a été l'heure du déclin; et dans l'évolution du principe, pris à sa naissance et conduit jusqu'à sa mort, se retrouve toute la hiérarchie de progression; ce qu'il est facile de vérifier en suivant les progrès de civilisation afférents à chaque règne.

XXIII

Bien examinée et bien comprise, la Révolution française, tant aujourd'hui qu'en 93 et 48, n'a donc été que la conséquence « obligée » du mouvement de progression passant d'un principe à l'autre, celle des fautes monarchiques; et si les rois — la responsabilité étant à qui tient les rênes, — avaient toujours été ce qu'ils devraient être, les peuples, à leur tour, fussent restés en dehors de toute révolte et sans besoin d'émancipation; mais il est d'observation profonde, que le besoin des autres atteint rarement les autoritaires, lesquels ne voient bien que ce qui est d'eux et pour eux.

Toute couverte de sang et entachée de crimes qu'elle ait été, la République de 93 n'a cédé, il faut le reconnaître, qu'à l'ambition d'un seul; ce n'est donc pas le mouvement rénovateur qui l'a emportée, comme germe avorté; mais un *accident du sort* faisant l'office de *frein* dans ses roues. On ne peut en dire autant des gouvernements qui lui ont succédé, tous renversés par les masses ou la fatalité. — Napoléon Ier par la coalition des rois; la Restauration et le Gouvernement de Juillet par l'émeute, Napoléon III par sa propre trahison...

Comme celle de 93, la République de 48 n'a cédé qu'à la pression d'un seul.

La République n'a donc été jusqu'ici que *dépossédée* et jamais *renversée*, tandis que le contraire a été pour nos rois ; ce qui explique chez la première une vitalité qui n'est plus des seconds, car partout où il y a vie, il y a avenir ; comme la mort est en perspective partout où la faiblesse se montre.

Je n'ai besoin de le dire et les intelligents m'ont compris : la République cette fois, née d'elle-même et de la position ; la République amenée par les circonstances et la fatalité, imposée par les événements et quand nul n'y songeait ; la République édifiée par nos pères de 89, les grands... les forts..., les vrais patriotes ; lesquels, jouant le tout pour le tout et sans marchander avec leur conscience, en firent l'autodafé du principe monarchique ; la République épouvante des uns, espérance des autres ; la République, TROISIÈME édition, vient de prendre chez nous ses titres de naturalisation !!!...

En vérité, je vous le dis, nous marchons à une ère de République dont les enfants de nos petits-enfants, les petits-neveux de nos neveux ne verront que le commencement, et quand on feuillette le livre du destin, l'on y trouve écrit à la page France et en grosses lettres d'avenir :

RÉPUBLIQUE ! RÉPUBLIQUE SEULEMENT !!

FIN.

Lyon. Imprimerie NIGON, rue Poulaillerie, 2.

www.ingramcontent.com/pod-product-compliance
Lightning Source LLC
LaVergne TN
LVHW010105230826
846091LV00005B/2100
9782011758835